NOMBRE IMPAIR

Recueil de Poèmes

Joan AMBU

Copyright © 2012 par Joan Ambu. Tous droits réservés.

Toute reproduction de ce livre, en partie ou en totalité, par tout procédé, électronique ou autre, est subordonnée à l'autorisation préalable écrite de l'auteur, sauf pour de brèves citations. Tous droits de traduction, de reproduction et d'adaptation interdits sans l'autorisation écrite de l'auteur.

Conception de Couverture Copyright © 2012 par Joan Ambu
Photo Copyright © 2012 par Joan Ambu
Les citations bibliques sont extraites de la Bible, version Louis Segond de 1910.

ISBN: 0-9836996-2-3
ISBN-13: 9780983699620

Library of Congress Control Number: 2012901863

Imprimé aux États-Unis par CreateSpace
North Charleston, South Carolina

Copyright © 2012 par Joan Ambu
www.joanambu.com

Avec amour, ce recueil est dédié à la mémoire de ma sœur aînée, Jacqueline AMBU, qui nous a quittés le 2 Mai 1998 pour rejoindre notre Seigneur.

"Éternel! Ta bonté atteint jusqu'aux cieux, ta fidélité jusqu'aux nues."
- Psaume 36:5

Table Des Matières

Prologue	i
Introduction	ii
Des Raisons de M'enorgueillir!	4
Mon Origine	6
Mère	7
Ma Mère	8
I Call Him Dad	9
Band of Brothers	11
Ami Fidèle	12
Mon Ami	13
Changement	14
STV	15
Amie Pour Toujours	17
Avec Tendresse	18
J'Aime et Je Suis Aimée	20
Appréciation De La Vie	21
Mardi, 5 Août 2003	22
Marraine	23
Nouveau Départ!	24
Jacqueline AMBU	26
Hommage à Ma Sœur	26
(1977 - †1998)	26
La douleur de la Mort!	28
Ne Me Quitte Pas	30
Deuil	32

Ce Matin	33
Sœur	34
Adieu	35
Reine De Mon Cœur	36
Ne Pas Juger	38
Amour	39
Tu Étais Tout Pour Moi	40
Ma Chance D'Exister	41
Jacqueline	42
Missing You	43
On Dit	44
Dur à Supporter	45
Fourteen Years Ago	46
Une Larme [2]	47
Comme J'ai Mal	48
En Ta Mémoire	49
Là Où Tu es Passé	50
Mère, Oh! Mère	51

On Finit Toujours Par Cicatriser!	54
Amour & Compassion	56
Réconforte-moi	57
Nombre Impair	58
L'Amour D'Une Sœur	60
On Finit Toujours Par Cicatriser	62

L'Espérance!	64
Seigneur, Je Rêve ...	66
Apprends-Moi	67

Vœux	68
Trahison	69
Jacqueline AMBU	72
Biographie & Témoignages	72
Jacqueline AMBU	96
Sa Vie en Images	96
Jacqueline AMBU	112
Pensées Intérieures	112
LA VIE	114
LETTRE A JOAN	118
Remerciements!	120
Du Même Auteur	122

Prologue

Ô toi mon Dieu,
Invisible et miséricordieux,
Ô mon Seigneur,
Libérateur et soigneur,
Tu as fait de moi une créature gaie,
Ton amour m'égaie.

Pendant mes jours sombres,
Quand tu me sembles distant et lointain,
Je ne plains pas mes pas,
Tu me pardonnes, mea-culpa,
Ta présence me couvre de son ombre,
Tu me conduis vers des Êtres Spiritains.

Tu es mon Créateur,
Et moi ta création.

Introduction

Ma Grande Sœur,

Cela fait 14 ans que tu nous as quittés. Tu me manques toujours autant; ta joie de vivre, ton fou rire et ton amour inconditionnel.

J'ai pu traverser ces moments difficiles grâce à tes conseils. C'est dur chaque jour de vivre sans toi; c'est un combat perpétuel à mener toute ma vie. Je sais que tu intercèdes constamment pour moi auprès de notre Créateur.

Merci d'avoir toujours été là pour moi et d'avoir été mon amie. Je t'aime et je t'ai aimé très fort, tu l'as toujours su. Malgré nos différences, nous avons toujours eu énormément d'estime, d'admiration et de respect l'une pour l'autre.

Malgré le fait que je suis protégée et entourée de trois Hommes formidables que j'aime et qui m'aiment énormément; rien n'égale l'amour d'une sœur, rien n'égale l'amour d'un être perdu.

Ce fut un privilège de t'avoir durant les 17 premières années de ma vie.

Ta petite sœur,
'Shown'

Des Raisons de M'enorgueillir!

'Autant que la lune à moitié a besoin de son côté, nous avons tous besoin d'une amitié qui ne nous sera jamais ôtée.' — Joan AMBU

Mon Origine

Je suis Africaine,
Noire et fière.
Noire de nature,
Fière de ma culture,
Noire comme les séquelles de Mon Continent.

Même si les fleuves de chagrin,
Coulent comme de l'eau,
Et glissent sur ma peau,
Je fais de chaque jour un festin.

J'aime Mon Afrique !

Mère

La seule, qui puisse sécher mes larmes,
Celle pour qui, je donnerais mon âme en gage.

Combien je suis fière d'être ta fille,
Fière de faire partie de ta famille,
De sentir couler ton sang dans mes veines,
De pouvoir partager tes peines.

La vie désormais, ne sera plus amère,
Et à jamais, tu resteras Ma Mère.
La perle de mon coeur,
L'âme de mon coeur.

C'est grâce à toi que je suis moi,
C'est grâce à toi que tout ceci est à moi.
Tu m'as appris la justice,
Merci pour tous tes sacrifices.

Tu es la perle rare,
Celle qui n'a jamais marre,
Et s'il m'arrivait de choisir la plus belle mer,
Je te choisirais toi, Ma Mère.

Ma Mère

Ma Mère, je l'aime à mort,
Dire le contraire serait un tort.
Quand je la vois, mon cœur bat si fort,
Si fort pour cette femme que j'aime à mort.

Ma Mère, yeux couleur de pastel,
D'un amour frêle, mais immortel,
Un amour pur, un cœur aimant,
Comme celui que j'ai maintenant.

Ma Mère, je l'aime,
Dans mon cœur la joie elle sème.
Ma Mère cette reine,
Aussi longtemps qu'elle connaîtra la peine,
Je leverai mes yeux vers le ciel.

I Call Him Dad

There's a Man in this World,
A Man I love greatly
So much that I can feel my heart ache:
That Man is my Dad.
The Man who brought me into this World
Who raised me gently
Who kissed away my aches
Close to whom I never felt sad.

As a child he was my idol
More so; when I was idle
I watched him constantly
And learned immensely.
He thought me tough love
How to thank the Lord above
How to silence my dissent
And how to be content.

We've had tough times
We've had rough times
You could see the effect
During the short time neglect.
So we each went our way
And while away
The bond became stronger
And made my heart grander.

I can't think of a World without my Dad
A life without the Man I call Dad
When he's around I'm so glad
And when he's gone, I'm sad.
If you know the joy a Father brings
You know it's more precious than a diamond ring!
And yet as frail
As a boat's sail.

Band of Brothers

Beautiful Brothers,
I am a blessed Child,
Blesssed to be the middle Child,
Blessed to have you,
Like many others,
Blessed because of you.

The first is a geek,
The second is sweet,
The third loves to twit,
But you are all unique.

You are fathers,
I am the mother.
Like a mother's touch,
I love you so much,
My beautiful brothers.

Ami Fidèle

Toi, cet ami fidèle,
Ce compagnon éternel.
Toi, cet homme bel,
Aux sentiments immortels,
J'aimerais te dire « je t'aime »,
Mais je ne trouve pas de mots.
J'aimerais dessiner ce M,
Qui me cause tant de maux.

Pour cette main,
Que tu m'as toujours tendue,
Pour ces services,
Que tu m'as toujours rendus,
J'aimerais te dire merci,
Et sache que je t'aime aussi.

Mon Ami

Deux fois tu as eu besoin de moi,
Deux fois je n'ai pas pu être à tes côtés.
Deux fois tu as eu besoin de moi,
Deux fois je n'ai pas pu être là à temps,
Alors tu es parti sans nouvelles de moi,
Et j'ai perdu mon chemin.

Toi, qui m'as vu grandir,
Toi, qui m'as vu souffrir,
Toi, à qui je dois mon bonheur,
Toi, à qui je dois cet honneur :
Tu as pleuré comme un enfant,
Et tu as combattu les vents.
Pendant ce temps,
Je prenais tout mon temps.

Aujourd'hui, je m'en veux,
De n'avoir pas pu être à tes côtés.
Crois-moi, je sais ce que tu endures,
Je te promets réconfort désormais.

Changement

Jeudi, bientôt midi,
Du changement, me suis-je dis.
Quand tout bascule en semaine,
Même si on reste saine,
Rien n'est plus pareil.
Tout change,
Ce n'est plus pareil,
On change.

Dieu, cette semaine,
Cette semaine, trop de haine.
Les émotions s'enchaînent,
Et brisent la chaîne.
Dieu, bien des fois,
L'Homme perd la foi.

STV

Joie de naître,
Joie de connaître,
Quelqu'un qui puisse accepter notre être,
Sans jamais dire « peut-être… ».
Quelqu'un qui, comme le soleil,
Voudrait éclairer notre chemin,
Quelqu'un qui voudrait voir dans notre sommeil,
Si notre existence aura une belle fin.

Un être qui aimerait donner sans compter,
Qui aimerait passer sa vie à conter
Des histoires romantiques,
Rimant avec unique.

Bien que le Monde soit injuste,
Il existe des Hommes justes,
Qui sont là pour nous rappeller que nous ne sommes pas
seul(e)s,
Dans ce Monde de douleurs,
Où les remords s'emmêlent,
À toutes sortes d'horreurs.

Merci STV d'être toujours là.
De mon chagrin,
Tu me rappelles que mon Monde n'est pas là-bas,
Mais dans cet ailleurs d'ici.

Merci d'être là et de comprendre…
Même si mon étoile s'en va à jamais,
Même si la pleine lune n'apparaît plus désormais,
Si jamais ma mémoire flanche,
Comme ces surfeurs, amoureux de leurs planches,
Qui sait ? Je pourrai devenir folle,
Je pourrai même oublier mon rôle,
Mais je n'oublierai pas un nom :
Je ne t'oublierai pas STV.

Amie Pour Toujours

Connaissance d'un jour,
Tu es devenue amie pour toujours.
Entrée dans mon cœur,
Tu es devenue pour moi une sœur.

Aujourd'hui tu veux en finir,
Ce n'est pas juste,
Tu es trop jeune pour souffrir.
C'est trop injuste.
Ce que je ressens aucun mot ne peut le définir,
Voici un beau témoignage que j'aimerais t'offrir :
Je serai toujours là au bon moment,
Je ferai tout consciemment,
Et tu posséderas ce qui ne s'achète pas,
Mon guide, pas à pas.

Avec Tendresse

Tu m'as tendu ta main,
J'ai refusé de la prendre.
Tu m'as parlé de demain,
Je n'ai rien voulu entendre.
Tu m'as parlé de ton frère germain,
Je n'ai pas su te comprendre.

Tu m'as ouvert ton cœur,
J'ai pris peur.
Tu m'as offert le bonheur,
Je n'ai vu qu'horreur.
Tu n'as pas connu de douceur,
Dans ta lettre, tu as dis « je pleure ».

La franchise c'est bien,
La souffrance n'est rien,
Mais peut devenir quelque chose,
Lorsque la rose blanche devient morose.
Prononcer un mot m'enrageait,
Ouvrir mon cœur, me bouleversait.

Nous ne sommes plus des enfants,
Peut-être pas des savants,
Surtout pas des amants.
Mais nous sommes grands,
Pourquoi ne pas être francs ?
Et maintenir le premier rang ?
Pourquoi vivre en songe ?
Dans ce Monde de mensonges ?

Aie confiance en moi,
Et moi en toi.
Nous serons la preuve vivante,
Aux yeux de l'humanité,
Vu comme l'équipe puissante,
Par toutes les communautés.
On résoudra l'équation de la peur.

Je t'aime avec passion,
Sans jamais de trahison.
Je t'aimerai avec tendresse,
Tu ne manqueras pas de promesses.
Je t'attendrai comme l'espérance,
Avec le cœur rempli de croyance.

Si ta solitude est si pénible que cela,
Tu peux la partager avec moi,
Je la remettrai au delà,
Et j'aurai des mots pour toi.
Même au milieu de la nuit,
Surtout sans faire de bruits,
Viens déranger mon sommeil,
Et tu trouveras la paix avant le lever du soleil.

Tes mots me manquent,
Les miens te cherchent,
Toi, qui es l'élu de mon cœur,
La bonne humeur de mes matins,
Je t'expédie ce silencieux « I Love You »

J'Aime et Je Suis Aimée

Lorsque je t'ai vu pour la première fois,
Lorsque tu m'as pris la main,
Et m'a parlé tendrement,
Lorsque tu m'as fait sourire,
Et m'as invitée à prendre place à tes côtés,
Lorsque tu t'es mis à parler,
J'ai senti une vibration étrange,
Comme une paix éternelle,
Naissant à chaque mouvement de tes lèvres.

Tu as malgré ta volonté,
Osé pertuber le repos de mon cœur,
Et puis, tu l'as apaisé.
Tu m'as rendu vivante,
Tu m'as initiée à la réalité,
Tu m'as offert ce qu'il y a de beau,
Tu m'as aimée,
Et j'en suis flattée,
Marquée jusque dans mon tréfonds,
Car pour la première fois,
J'aime et je suis aimée en retour.

Appréciation De La Vie

Je n'ai jamais apprécié la vie
Comme je l'apprécie en ce jour,
Je n'ai jamais cherché cette envie,
Que je cherche en ce jour.

Cette vie qui est mienne,
Et qui m'échappe en même temps,
Cette vie désirée longtemps.

Mardi, 5 Août 2003

Nous sommes Mardi,
5 Août, 2003,
Je souris,
Il est 9h moins 3.

En classe aujourd'hui,
L'atmosphère est paisible,
Signe que tout est possible,
Dans ce Monde aujourd'hui.

Voici une nouvelle semaine,
Et toujours je traîne ce poème,
Cherchant une autre scène,
Pour l'achever cette semaine.

Marraine

Pour toi Marraine,
Femme sereine,
Ce soir je verse une larme,
Pour le repos paisible de ton âme.

Ce soir, je verse une larme,
Qui laissera sur son passage,
Une empreinte indélébile,
Sur un visage fébrile.

Nouveau Départ!

'Avec chaque extrémité, il y a un nouveau départ et à chaque début, il y a de l'espoir.' — Joan AMBU

Jacqueline AMBU

Hommage à Ma Sœur
(1977 - †1998)

Fille • Sœur • Amie • Enfant de Dieu.

La douleur de la Mort!
'Aucune douleur n'est comparable à celle dans le cœur d'une femme en deuil.' — Joan AMBU

Ne Me Quitte Pas

Heureuse et triste en même temps,
De revoir ta Maman,
Pour une dernière fois,
Tu es arrivée un Jeudi,
Le soir d'une veillée,
Et tu as pleuré aussi,
Avec la foule.

Le Vendredi soir,
Une fois à la maison,
Après mes cours,
Et mes répétitions de chorale,
Tristement j'apprenais ton chagrin.
J'ai le coeur brisé,
Que puis-je faire pour toi, ma soeur?

Ne me quitte pas.
Non, ne me quitte pas.

Tout est sinistre,
Ce Samedi matin,
Je suis calme,
Pourtant mon coeur est si lourd.
Je sens ta tristesse,
Elle me paralyse,
Je te sens partir,
Mon coeur se serre encore,
J'ai mal, c'est extrémal,
Je n'y peux rien.

J'ai si mal,
Je suis en colère,
Je prie,
'Mon Dieu!
Pas elle,
Pas aujourd'hui,
Pas ma sœur,
Ne me laisse pas seule.'
Nos yeux se croisent,
Je refoule mes larmes ...

Ne me quitte pas.
Non, ne me quitte pas.

Deuil

Je me réveille,
Après un long sommeil.
Le deuil est fini …
Est-ce vraiment fini ?

Pris de chagrin,
Je sens mon cœur se serrer,
La vie est si courte,
Apporte-moi du vin.

Trop de chagrin,
Je sens mon âme soudain.
Serre-moi dans tes bras,
Redonne-moi le sourire.

Rappelle-moi qui je suis,
Recommande-moi à Jésus,
Apporte-moi un rayon de soleil,
Tellement ma vie en a besoin.

Ce Matin

Ce matin,
Je me sens si mal,
Je me sens si seule,
Je me sens perdue sans elle,
Je suis si malheureuse.

Ce matin,
Le professeur parle en prose,
Il s'exprime certes,
Mais il irrite mon être,
Ce matin en classe.

Sœur

J'ai cherché dans ma vie,
Ce qui pouvait te faire plaisir,
J'ai eu des envies,
Qui se sont transformées en désirs,
J'ai marché sur la mer,
Dans l'espoir de te faire oublier,
Ce goût amer.

Mais hélas !
Hélas, j'ai échoué,
Je ne saurais expliquer,
Comment, ni pourquoi c'est arrivé,

Et puis, tout s'est compliqué :
Tu m'as parlé de la vie,
Tu m'as offert ta vie,
Tu m'as dit des choses,
Qui ont agi sur moi, comme une dose.

J'ai attendu que tu bouges,
J'ai attendu tout rouge,
De colère et d'angoisse,
Que ta température augmente,
Mais hélas !
Hélas, tu m'as quittée…

Adieu

Ce que la vie m'a pris de plus cher,
C'est une partie de ma chair.
La vie a brisé mon cœur,
En me prenant ma Sœur.

J'aimerais savoir si :

Bonjour,
Est une manière de dire adieu,
Ou une façon de fermer les yeux,
Pour voir le tout puissant Dieu,
Là-haut dans les cieux,
Est-ce un adieu pour toujours ?

Reine De Mon Cœur

Rien n'a été aussi réel dans ma vie,
Rien ne m'a fait autant pleurer,
Rien ne m'a fait vraiment rire,
Mais ces derniers moments,
Passés à tes côtés,
Etaient la seule preuve,
Que je te voulais éternelle dans mon cœur.

C'était, il y a trois mois,
Je t'ai vu pour la dernière fois,
Là, immobile,
Là, immortelle,
Ciel seul sait si tu pouvais m'entendre.

Aujourd'hui, je me battrais,
Parce que c'est une chance que tu m'as donnée.
Certes, je t'aimais,
Aujourd'hui, je t'aime encore plus.

On n'a pas pu se dire au revoir,
Mais il fallait que tu t'en ailles,
Afin que je sorte de cette impasse.

Ai-je réussi ?
Un jour, tu me le diras.
Pour l'instant, je te dis merci,
De m'avoir donné cette chance.

Tu seras toujours la reine de mon cœur …

Ne Pas Juger

Certaines choses doivent arriver,
Pour qu'on comprenne,
Ce qui est réellement.
Comme on a besoin d'un guide pour trouver son chemin,
On a aussi besoin d'un départ pour grandir spirituellement.

Rien n'est fait au hasard,
Chaque chose a son temps,
Au fond, personne ne peut nous comprendre,
On essaye tant bien que mal,
Mais on échoue.

Parce que tu ignores de quoi j'ai peur,
Évite de me juger,
Toi et moi, c'est l'envers.
Parce qu'on ne peut que se compléter,
Ou se soustraire,
Il est important que ces choses arrivent,
Afin qu'on se détourne du négatif,
Mais parce qu'on est unique,
On se sentira toujours seul dans notr' Univers.

Dans nos cœurs,
Il faut toujours aimer,
Aimer sans relâche,
Aimer sans jamais juger,
Parce qu'on peut tous se justifier.

Amour

A chaque fois qu'un amour se transforme en haine,
Il faut toujours chercher la raison en soi.
De même que certaines choses soient inévitables,
D'autres par contre, sont bénéfiques.
On a tous besoin des uns et des autres,
On a tous besoin d'une oreille, d'un regard,
On a tous besoin d'un sourire,
Message d'espoir,
Remède de tous les maux.

C'est après maintes réflexions,
Que l'on se rend compte,
Qu'au fond,
Le bonheur n'est rien d'autre,
Que l'amour.

Ne pas chercher trop loin,
Rester dans son coin,
Regarder faire.
Mais vous,
Qui comprenez le language du silence,
N'hésitez pas,
Car certains en ont besoin.

Vous pouvez apaiser leurs cœurs,
Guérir leurs blessures,
Essuyer leurs larmes.
Vous pouvez les aimer,
Vous pouvez les aider.

Tu Étais Tout Pour Moi

Le seul souvenir que j'ai eu du bonheur,
Était de toi,
Mes seuls instants de malheur,
Étaient causés par toi.
Je t'ai aimé avec émoi,
Parce que tu étais tout pour moi.
Je t'ai aimé sans te le faire savoir,
Alors, tu es partie sans dire au revoir,
De l'autre côté de ma vie,
De l'autre côté de la vie.

Ma Chance D'Exister

Immense était ma joie,
Lorsque je t'ai vu pour la première fois,
Parce que j'avais trouvé,
Quelqu'un à mon image,
Quelqu'un avec qui, je pouvais m'entendre.
Je savais que je n'étais pas seule,
Que je devais enterrer mes larmes,
Parce que sur Terre,
Il existait un autre moi.

Mais !
Quel est ce cri sourd,
D'un cœur meurtri par la douleur,
D'une âme,
Blessée par un départ ?

Si je pouvais sourire,
J'allais rire,
Mais pour moi rire,
Est une façon de t'oublier,
Et t'oublier,
Je n'arriverai jamais.

Béni soit le jour,
Où tu es venue au Monde,
Merci d'avoir fait partie de ma vie,
De m'avoir élevée,
Merci de m'avoir donné cette chance: d'exister.

Jacqueline

Je suis si triste,
Mon amie, ma Sœur.

Aide-moi comme dans le passé,
À comprendre pourquoi les choses vont de travers.
Je suis dans tous mes états,
Je suis si triste et j'ai mal.

Tu étais pleine de vie,
Ta vie était pleine de promesses,
Ton cœur grand,
Ton amour pur,
Ta joie contagieuse,
Ta beauté rayonnante.

Tu as beaucoup donné,
Mon amie, ma Sœur.
Cette vie n'est qu'éphémère,
Tu nous as quittés trop tôt.

Je t'aime si fort,
Jacqueline.

Missing You

Posé sur la balance,
Mon mal recommence.
Je n'arrive plus à me faire une raison,
Qui prendra la décision ?
Peut-être toi,
Parce que je ne suis plus moi.
Je ne suis plus apte,
J'ai beau essayer de changer,
Je suis toujours inapte,
Et je ne vois que le danger.

Le temps me fait défaut,
Avec ses horribles infos,
Je ne suis qu'une ado,
Pourtant mes maux sonnent faux,
« Il faut changer, tu m'as dis »,
Nous sommes Mardi,
Où es-tu ?
Je voudrai savoir …

On Dit

On dit que l'étoile brille à certaines occasions,
Qu'il n'existe qu'une Lune.
Que le soleil donne la même couleur aux Hommes,
Que rouge est le sang du Blanc et du Noir,
Que tous les Hommes sont liés au fond,
Que l'amour est le seul remède contre tous les maux,
Que la haine n'a pas de place dans ce Monde,
Et qu'on peut être sauvé par la foi.

Mais on dit,
Sans jamais le montrer.
Pendant qu'on dit,
D'autres crèvent,
Par manque d'amour.
Alors cessez de dire,
Et agissez.

Dur à Supporter

C'était ça ma vie,
Cette envie folle d'être seule,
De porter la douleur de l'Homme,
De purifier le Monde.

C'était ça mon souhait,
Ce besoin de crever seule,
C'était ça mon rêve,
De changer le cours des choses.

J'ai toujours souris le faux,
J'ai ris l'enfer,
Et il est venu :
Il m'a détruit.

Il m'a pris ce que j'avais d'unique,
Il a pris ma soeur,
Il m'a désarmé,
Et c'est dur à supporter.

Fourteen Years Ago

Fourteen Years ago,
Sister, Sister,
Fourteen long years ago,
You left this World of mortals,
To join the immortals,
In a land free of pain and sorrow,
Fourteen years ago,
Sister, Sister.

Fourteen painful years ago,
My Life changed unexpectedly,
When yours ended abruptly,
Sister, Sister.

Une Larme [2]

Je rêvais d'un ailleurs qui est ici,
Pourtant mon ici est ailleurs.
Je te charchais où tu n'étais pas,
Pourtant tu étais si près de moi.
Ma vie, je voulais qu'elle ressemble à celle des autres,
Pourtant je ne suis pas des autres.

Ma nature, je l'ai caché,
Pourtant le monde entier devrait savoir.
Mon savoir, je l'ai minimisé,
Pourtant j'ai une philosophie particulière,
Mon secret, je l'ai avoué,
À un être aimable.

Une larme …
Une larme a changé ma vie,
Une larme qui ne séchera jamais,
Une larme qui a changé le cours de mon existence.

Comme J'ai Mal

Plantée devant la vitrine,
Le cœur serré dans ma poitrine,
Je reste assise sur mon passé,
Qu'est ce qui a bien pu se passer?

Mon cœur si lourd,
Émet un bruit sourd.
Alors s'installe l'ombre du doute,
Chose que mon être redoute.

Ce n'est peut-être pas normal,
Cette expérience optimale,
Mais comme j'ai mall
C'est extrémal.

Ce corps m'appartient,
Cette émotion m'étreint,
Je serre la main,
Je me sentirai mieux demain.

En Ta Mémoire

Des larmes coulent,
Avec peine je les refoule.
Ils coulent et s'évaporent,
En mémoire de nos rapports.

L'ivresse du Samedi soir,
Pourrais-je me sortir de ce trou noir?
Je me laisse glisser au fil des mots,
Qui ressuscitent mes maux.

C'est comme un cauchemar,
Cette émotion amère,
Certes éphémère,
Tel un bateau sans amarre.

Je m'abstiens de m'en faire accroire,
Quoique j'ai toujours du mal à y croire.
Penchée sur une toile de moire,
Je dédie ce recueil en ta mémoire.

Là Où Tu es Passé

Là où tu es passé,
Ton ombre est restée.
Où tu avais semé,
Les roses ont poussé.
Où tu t'étais assis,
Les traces sont restées.
Ce qui n'a pas changé, c'est moi.
Mais la vie, si.

Le jour n'a plus de couleur,
Il n'y a plus d'eau pour les fleurs,
Les espoirs meurent,
Et on a tous peur.

Mais là où tu es passé,
Une étoile s'est installée,
J'ai écris nos noms sur le tronc d'un arbre.
Là où tu es passé,
L'espoir est né,
Les roses ont poussé,
L'Homme a aimé,
Mon cœur s'est reposé,
Ton ombre est resté.
Là où tu es passé :
La vie est née.

Mère, Oh! Mère

Mon cordon coupé,
Mes premiers souvenirs volés,
Ton visage inconnu,
Victime de mon innocence,
J'ai le cœur déchiré,
Mère, Oh! Mère.

N'abandonne pas le combat,
Ne m'oublie pas,
Cette personne qui m'a tout volé,
(Un vol savamment calculé)
Et ceux qui ont participé à cette injustice,
Espèrent que je t'oublierai avec le temps.
Mais non!
Mère, Oh! Mère,
Je te sens si proche,
Je te sens toujours si proche.

Dans mon sommeil troublé,
Je sens ton chagrin,
J'entends ton cri sourd,
Étouffé d'amour et d'impuissance,
Je pleure pour toi,
Mère, Oh! Mère,
J'ai peur,
Je ne mérite pas de souffrir ainsi,
Ils ont certes réussi à m'arracher de tes mains,
Mais ils n'effaceront jamais mes souvenirs de toi.

Cette nuit encore,
J'ai rêvé de toi.
Mère, Oh! Mère,
Si tu peux m'entendre,
Sache que le lien n'est pas coupé,
Ne laisse pas ton esprit s'affaiblir,
Car ils chercheront à te briser,
Dans le but que tu m'oublies.

Il y a ceux qui marchent dans l'amour et la justesse avec toi,
Trouve réconfort auprès d'eux,
Il y a ceux qui ont le pouvoir de changer le cours des choses,
Mais préfèrent rester indifférents,
Et il y a ceux qui trouvent leur bonheur dans ton chagrin,
Prie pour eux.

Elle ne m'aimera jamais comme toi ...

On Finit Toujours Par Cicatriser!
'Combattez. Rêvez. Espérez. Vivez.
Ne laissez pas votre Esprit être opprimé, ni affaibli par la maladresse de la vie.' — Joan AMBU

Amour & Compassion

Deux mots si proches,
Pourtant si distincts.
Deux mots simples,
Qui incitent le bienfait.
Deux mots tranchants,
Parfois confondus et abusés.

Je t'aime,
Et je veux te voir prospérer,
Parce que tout comme moi,
Tu as un cœur de chair,
Et même s'il est de pierre,
Je t'aime mon Frère.

Je t'aime parce qu'il est bon d'aimer,
Je t'aime parce que quelqu'un m'a aimé en premier.
Ce que mon Créateur a fait pour moi librement,
Je le fais pour toi infailliblement.

Réconforte-moi

Je suis un enfant,
Éduque-moi.
Je suis sans abris,
Protège-moi.
Je suis en faute,
Intercède pour moi.
Je suis prisonnière,
Libère-moi.
Je suis une âme égarée,
Conduis-moi vers la Lumière.

Je suis ta petite sœur,
Ne m'oublie pas.
J'ai mal,
Réconforte-moi.

Nombre Impair

Mon Dieu,
Créateur de l'Univers,
Mon souffle de vie,
Mon espérance,
Ma force,
Gardien de mon âme.

Sainte Marie,
Mère de mon sauveur,
Femme choisie parmi les femmes
Femme pieuse,
Toi, qui as une fois marché sur Terre,
Toi, qui connais les profondeurs de nos coeurs,
Intercède pour moi,
Pauvre pécheur.

Mon Jésus,
Parole qui s'est faite Homme,
Mon salut,
Sauveur du Monde,
Ta mort pénible sur la croix,
A effacé mes péchés,
M'a donné une vie nouvelle,
Une chance d'espérer,
À une vie éternelle à tes côtés.
J'attends ta prochaine venue ...

Nombre impair,
Puissance infinie,
De ton souffle,
Tu me donnas la vie.

L'Amour D'Une Sœur

Ma Sœur chérie,
Hier encore, nos frères et moi parlions de toi;
Cela nous arrive de piquer un fou rire.
Tu nous manques toujours autant,
Et comme c'est bon des fois,
De se rappeler le bon vieu temps.

Père m'a fait parvenir des photos,
J'ai été à la fois émue et triste,
De revisiter ta vie.
Cette douleur me permet d'exister encore,
Et de rester joyeuse,
Comme tu l'étais.

Te souviens-tu de nos soirées en tête-à-tête?
"Crache le morceau, Shown!" me disais-tu,
Ma Sœur chérie,
Tu savais comment me motiver,
Tu savais comment me rassurer,
Tu savais comment m'aimer.

Te souviens-tu, ma sœur chérie,
Comme nous aimions danser?
Tu trouvais toujours une excuse pour les fêtes,
Et quel succès nous avions avec ces fêtes!
Qu'il est doux,
De se rappeler ces moments.

Ton souvenir toujours aussi vivace
Écho à jamais en moi,
Pour te témoigner mon amour.
Des jours, sœur chérie,
Je me demande comment tu serais?
Toujours pleine de vie, j'en suis certaine.

Rien n'égale l'amour d'une sœur,
Rien n'égale l'amour d'un être perdu.

On Finit Toujours Par Cicatriser

La vie,
Bien que belle,
Est parfois cruelle.
Quand les choses vont bien,
Tout est idéal et clair,
Lorsqu'elles vont de travers,
On cesse de voir l'essentiel,
Qu'est le vrai sens de la vie.
La vie,
On croit meilleure ailleurs,
Et il y a des jours,
On se sent moins bien que les autres.

Il y a quelques années encore,
Je m'étais convaincue,
Que la perte de ma soeur m'avait blessée à vie.
Et pendant longtemps,
Pendant très longtemps,
Au lieu de guérir mes maux,
Je me suis accrochée à cette blessure.
Une blessure à double tranchant,
Qui m'a presque détruite,
Et qui m'a rendu sensible aux paroles Divines.

J'ai trouvé,
Ma plénitude dans ma foi pour mon Créateur.
J'ai trouvé,
Mon sourire dans l'amour pour mon prochain.
Aujourd'hui, je sais,
Qu'au fur et à mesure,
On arrête de pleurer,
Et on finit par cicatriser.

L'Espérance!
'Tenons-nous à de bons souvenirs. À la fin, c'est à peu près tout ce que nous avons.' — Joan AMBU

Seigneur, Je Rêve ...

Je rêve qu'un jour,
Je pourrai revenir en arrière
Et effacer toutes les tristesses de mon cœur.
Je rêve qu'un jour,
Je pourrai dire adieu à cette misère qui m'habite,
Et à cette vie monotone que je mène.
Je rêve qu'un jour,
Je pourrai connaître cette paix,
Que tu offres à tous ceux qui espèrent en toi.
Je rêve qu'un jour,
Je pourrai combler ce vide dans mon cœur.

Apprends-Moi

Oh! Mon Dieu,
Touche-moi,
De ta main qui guérit,
Donne-moi,
La force d'espérer,
La clarté de voir tes merveilles
Apprends-moi,
À accepter tes décisions,
Montre-moi,
Ta miséricorde infinie.

Vœux

Puisse le Monde demeurer dans une paix spirituelle,
Puisse l'ami rester fidèle,
Puisse les couples s'aimer simplement,
Puisse les victimes pardonner totalement,
Puisse les malheureux garder la foi,
Puisse Jésus guider nos pas,
Et nos âmes protéger toujours …

Trahison

"Il y a 14 ans précisément,
Que j'ai quitté le monde des mortels.
J'ai décidé aujourd'hui,
À travers ces lignes,
De me débarrasser définitivement,
De ce souvenir malsain,
Qui m'a longtemps aveuglée
Et a presqu'empoisonné mon âme.

Tu étais ce que j'avais de beau,
Tellement je t'aimais.
Je t'avais tout donné,
Mon amour,
Mon intégrité physique et morale.
J'ai frôlé la mort à plusieurs reprises,
À la suite de certaines décisions,
Et toujours, je me suis accrochée.

Tu m'as manipulée pour arriver à tes fins,
Une fin que tu as mal dissimulée,
Car j'ai découvert ton secret,
J'ai réalisé ton jeu trop tard.
Et même blessée, trahie,
Je suis me dit,
Je me suis convaincue,
Que l'amour serait plus fort que tout.

Avec toi,
Je suis tombée très bas,
Et j'ai compris aussi,
Qu'aucun être ne mérite de souffrir autant.
Tu es resté longtemps sous ma peau,
Que j'avais l'impression de ne jamais m'en sortir.
Et même à ma dernière heure,
Tu as trouvé le courage de me tourner le dos.

J'ai trouvé aujourd'hui,
Ma paix et mon équilibre,
Auprès de Jesus, mon libérateur.
J'ai trouvé aussi,
La raison de te le dire,
Afin que tu saches,
Que je t'ai aimé,
Au-delà de ta trahison."

Jacqueline AMBU

Biographie & Témoignages
(1977 - †1998)

Jacqueline AMBU est née le 27 Avril 1977 à Yaoundé au Cameroun. Fille de William et Alice Ambu, Jacqueline faisait partie d'une famille de cinq enfants: Jacqueline, Divine, Joan, Guillaume et Oliver.

Jacqueline a fait ses études respectivement à l'école maternelle de Monatélé, l'école Publique de Bonanjo 'Petit Joss', l'école Publique du Camp Yeyap, l'école Publique Saint Jean Bosco, Lycée Bilingue de Bamenda, Lycée de Tsinga, Collège de la Retraite, Lycée de Nkol-Eton. Elle s'inscrit enfin au Lycée de Pouma en 1997, mais n'y termine pas l'année académique.

Ma Sœur & Moi
Par Joan

Ma sœur et moi avions 3 ans et demi d'écart et nous étions très différentes l'une de l'autre. Elle était belle avec de grands yeux, pleine de vie, émotive, forte et toujours disponible pour les autres. On se disputait souvent mais on s'aimait aussi beaucoup et je détestais quand elle allait mal.

Toute petite déjà, j'avais beaucoup d'admiration pour elle. Je voulais être comme elle 'mon grain de folie.' Elle m'a toujours soutenue dans mon cheminement et m'a beaucoup appris (à aimer totalement, à m'exprimer librement, à pardonner sincèrement, à m'aimer telle que je suis, à prier sans cesse et aussi à danser). Quand nous étions jeunes, elle aimait tant me serrer dans ses bras. Je l'aimais énormément.

Elle a beaucoup donné et a très peu reçu. Nous avons toutes deux partagé beaucoup de moments de complicité et aussi des moments très difficiles. Durant sa dernière année de vie, elle s'est battue pour faire de moi sa priorité; c'était cela, sa véritable quête.

Ma sœur était une femme extraordinaire et une pure merveille. Tout comme moi, Jacqueline découvrait l'écriture à un très jeune âge. Elle a écrit une collection de Poèmes, disparue aujourd'hui.

Le 2 Mai 1998, elle est morte devant moi, à la Clinique de Njongolo à Yaoundé au Cameroun.

Ce jour là, mon monde s'est écroulé ...

A Letter from Dad
By Dad

My dear Jacky,

I have the feelings and convictions that you always listen to me since I started talking to you after that unforgettable 2nd May 1998, especially when I come to the village. I decided this time to send you a written letter.

You were too fast to pass through the three stages of life; born, leaved and died at 21 years. The wounds left by that sudden departure have remained fresh even after 168 months because of the sweet memories of your birth as a first child to a young anxious couple. Sweet tears of joy shaded on seeing your shining innocent face that April 1977 were transformed fourteen years ago into timeless bitterness; and both scenes still appear as if it were just few months ago.

I see in many villages and cities indelible marks you left; especially in Yaoundé, Nkongsamba, Monatele, Douala, Bertoua, Bamenda, Pouma and here in Etwii where I "visit" you regularly. I often meet some of your great admirers of all ages who still ask why that premature departure; God alone has the answer to that question. You surely still remember what we planned during the long conversation you and I had one afternoon in my office in CENER (Presidency of Cameroon); not long before your unannounced journey with no return.

As the eldest of five, you proved your early motherly-hood, through the care you took of your juniors, when mum (Alice) left us for studies in the United States of America. That made me place very high hopes on you without knowing that God had His secret and "better" plans; to take you away from this sinful world before you could be contaminated. Before Him everyone must bow even if I would have paid any price to be buried by you instead of the contrary. May He grant my prayers that Mum, your brothers, sister and siblings render me that service when He decides; for me to meet you to part no more.

My beloved daughter, as the years pass by and we acquire more maturity and accumulate experiences, there is more harmony in the family which has increased by four new members (two handsome boys and two beautiful girls) while waiting for more. They will surely ask many questions on seeing your numerous photos in this book that carries my letter. We shall try to tell them "who you were" the best way possible; their aunty who would have turned thirty-five (35) years today.

Your paternal grandmother, Lydia Ingoh, with whom you made lots of fun, followed you exactly one year after. Having known most of those who preceded you, I can imagine how on her arrival, she presented you to your paternal grandfather, Lucas Ambu, your maternal grandparents Unesebi Ambokia and Monica Andong. You have a large family around you there: uncle Paul Ambu and wives, uncle Thaddeus Aboche, aunt Rahel and her husband Ben Ako, cousin Joan Aboche, Solomon Abitah, Sylvester Aboche, Pompidou Ambu, Bah Ambu, Tom Ambu and Ernest Ako, Samuel Ndifon and his mother; the list can fill another page.

The Bible says life is sweetest there for the righteous. I'm striving to join all of you to listen to the melodious songs of the choir of Angels. I love you.

PREPARE ME A PLACE NEAR YOU.

Daddy

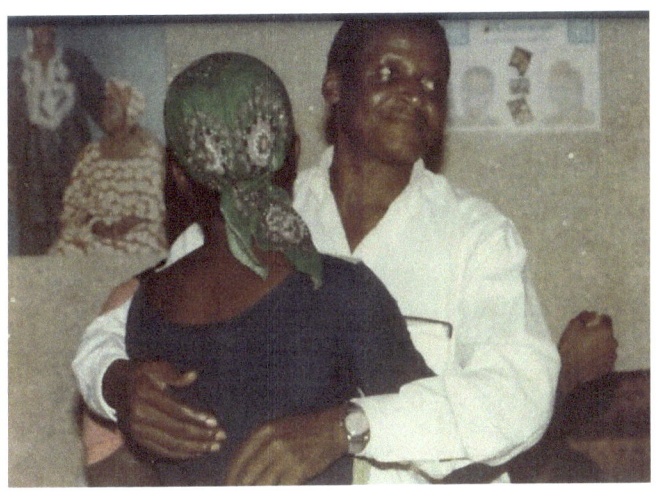

September 1993 — Dancing with Dad

My First Born
By Mom

My Daughter,

You departed from me 14 years ago.
Every year, on the anniversary of your death, I say a special prayer. While you were here with me, I was blind. Since you left me, I can see clearly. Your death set in a series of life changes for me and I have gained new strengths.

I am grateful that you shared your last night with me, talking, laughing and advising. I am glad that you forgave those who hurt you and you said a prayer asking the Lord to forgive your personal sins.

You were my first born, my pride and joy.
Although once in a while I find myself reliving the memories of the end of your life; losing you strengthen our family bond. Fourteen years ago I held you in my arms and I told you I love you for the last time. I miss you very much.

I can only pray and hope that your spirit is at peace and free because my mind is at peace.

I love you,
Mom

1977 — Jacqueline with Mom, 1 week old.
(Yaoundé, Cameroon)

Souvenir
Par Divine

"En mémoire de Jacqueline partie trop tôt.."

Divine

1987 — À la maison avec ma grande sœur Jacqueline
(Bertoua, Cameroon)

I Miss You
By Guillaume

As a teenager, I used to dream of how fun life would be when we all would grow up and have our little families; I used to dream of family reunions where we would share good moments and memories, all gathered around a large table. When you passed away, my whole life changed, I felt like life wouldn't be beautiful anymore, like the world came to an end, and lived like there was no tomorrow.

Today I am a happy man, and I owe this happiness to you, and your advice. In everyday situations I think about you and the action you would have loved to see me take. I remember you telling me after a disappointing date 'do not be sad, you are a young handsome boy. When you gonna grow up, you gonna meet that special one, always remember that one of the most important things in a relationship is trust and effective communication.' Young I was and not matured enough to understand what you meant. After many disappointments, I think I've meet that special one, your advice to me have been blessings. How I wish I could see you one more time and thank you for always being part of my life.

I miss you Jacky and will always love you.

Your beloved brother,
"Kiok"

Shooting Star
By Oliver

An inspirational young woman gone too soon.

The world will never know
What amazing things you would have done
People you would have changed
Families you would have grown.

But God had other plans for you.

Brightening our world like a shooting star through the dark sky
Leaving us with just a memory of your eternal sunshine
We can now just feel blessed that He allowed you
To change our lives for the moment of time you were with us
That He allowed us to experience what a wonderful
And strong human being you were

For that we are thankful.

'And it is in dying that we are born into eternal life.'
- St Francis of Assisi

Hommage à une amie Spéciale
Par Eva

JACKY

Comment la décrire ?
Elle était un peu de tout, avec toutes les qualités que l'on peut apprécier chez une personne. Je dirais que les années qu'elle a eu à vivre, elle les a vécu pleinement. Elle était pleine de vie, savourant chaque jour comme le dernier.

Nous avions souvent des sorties improvisées et même des pique-niques ou des fêtes à la maison avec l'aide de Maman Ambu, qui nous aidait à faire les « sponge cake. »

On pouvait se disputer et rigoler quand je lui disais qu'elle transpire comme une bouteille qui sort du frigo, car elle souffrait d'hyperhidrose, une condition médicale.

Jacky avait la main très légère. Elle savait donner matériellement, financièrement et même émotionnellement car elle savait entretenir et valoriser l'amitié.

Si on pouvait faire revenir le temps passé, je l'aurais fait juste pour te dire une seule chose si je ne l'ai pas fait ou montré suffisamment combien je t'aime et apprécie notre amitié. Mais hélas, ce n'est pas possible.

De notre temps passé ensemble et par sa manière de vivre, j'ai retenu une chose importante:

'Live everyday as if it's the last because one day you may surely be right.'

Tabi Bessem Eva Emilienne

Pour toi, Jacky
Par Kass

Mon amitié envers toi, Jacky, restera à jamais gravée dans ma mémoire, car tu restes pour moi plus qu'une amie. Avec toi s'était une alchimie, un mélange d'Amour et d'amitié intense.
J'ai apprécié ta présence dans ma vie, tu me manques tous les jours et cette Amour reste gravé dans mon cœur à jamais.

QUE DIEU SE SOUVIENT DE TOI DANS SON ROYAUME.

Kass Essouma Etoundi

Une fille formidable
Par Jean Marie

'Ah oui Jacky,

Tu es une fille formidable d'une capacité d'adaptation qui m'a toujours séduit chez toi.

Après le Collège Mgr François Xavier Vogt et à peine le Collège de la Retraite, tu nous laisses brutalement sans crier gars. Ton sourire, ton absence est à ce jour un grand vide dans mon cœur; à peine on a commencé à écrire les belles lettres de notre amitié, nos petites complicités que tu n'es plus là!

Tu t'en vas, vas et pense à nous.'

Jean Marie Mbega

Jacqueline AMBU

Sa Vie en Images
(1977 - †1998)

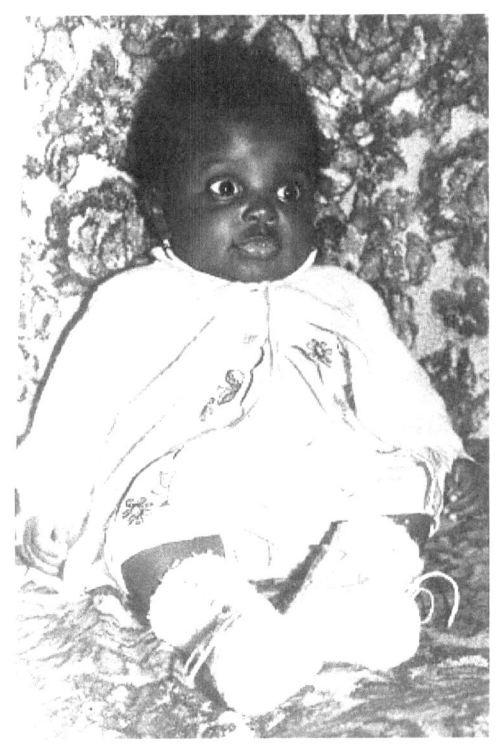

1977 — 3 months old.
(Yaoundé, Cameroon)

1978 – 1 year old.
(Yaoundé, Cameroon)

1983 – At home posing with Divine and I
(Douala, Cameroon)

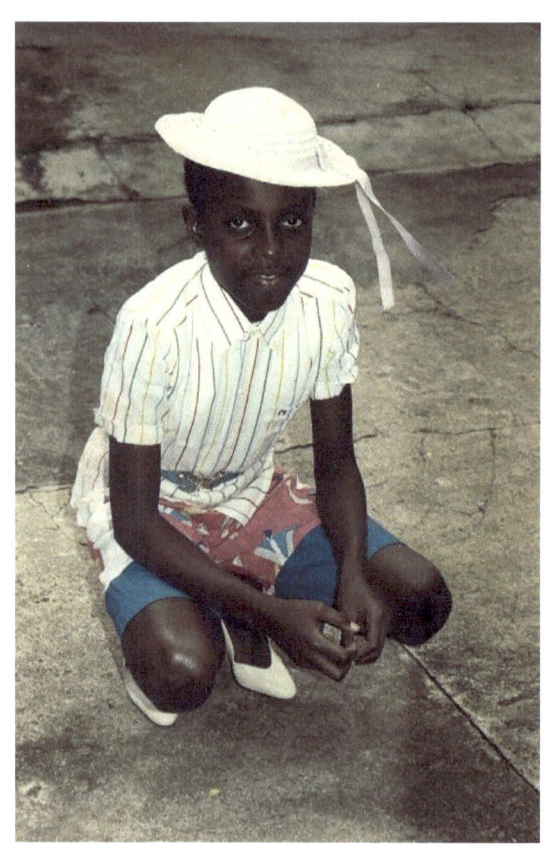

1987 — Bertoua, Cameroon

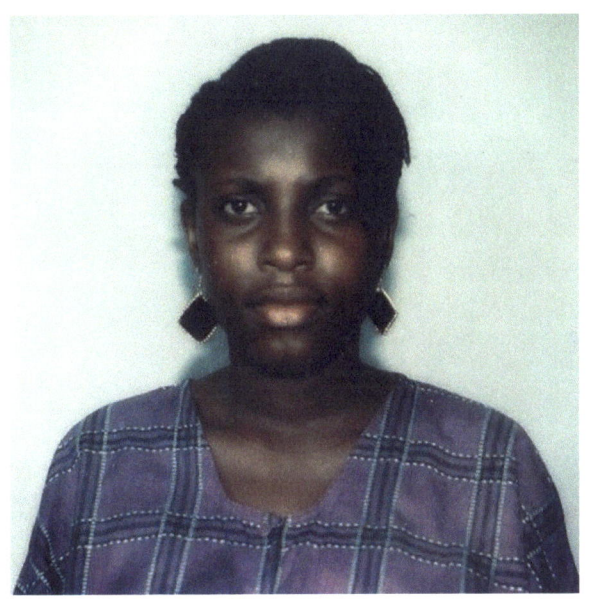

1990 — Yaoundé, Cameroon

1992 – Lycée de Tsinga. Rehearsing with friend Yvette Ngale. (Yaoundé, Cameroon)

1992 — At home posing with Kass Essouma Etoundi (Yaoundé, Cameroon)

1993 – At home posing with Guillaume and Oliver. (Yaoundé, Cameroon)

1993 — At home with best friend Eva Bessem and Jordan. (Yaoundé, Cameroon)

1994 — Back from school, posing with me at home.
(Yaoundé, Cameroon)

1996 – At home
(Yaoundé, Cameroon)

1997 — Celebrating at home.
(Yaoundé, Cameroon)

1997 — At home
(Yaoundé, Cameroon)

Jacqueline AMBU

Pensées Intérieures
(1977 - †1998)

LA VIE

Au fond,
Le succès c'est obtenir ce qu'on désire,
Et le bonheur c'est apprécier ce qu'on a.
Au fond de moi,
C'était le bonheur que je voulais.

Quant à un moment donné de ton existence,
Tu te rends compte,
Que tu peux te passer de quelque chose,
Ou de quelqu'un,
Tu comprends alors,
Que cette lubie,
Ce quelqu'un,
Cette chose,
N'était qu'un caprice,
Qu'un fantasme.

Avant je me disais,
Que lorsqu'on échoue dans une entreprise qu'elle soit,
Il faut toujours recommencer,
Et essayer de ne pas commettre les mêmes erreurs.
Maintenant je sais,
Que lorsqu'on échoue,
Il faut tâter ailleurs,
Car si on revient sur la même chose,
On finit par se faire mal.

Plus on se gratte,
Plus la douleur empire.

Mais qui vit dans la folie,
N'est pas aussi sage qu'il croit.
Alors c'est fou ce que je fais,
Mais au moins,
J'ai pu me rendre compte que j'ai atteint mon nirvana.

La douleur est injuste,
Et toutes les raisons qui ne la flattent pas agissent.
En amour,
J'avais un credo: c'est que j'aime jusqu'au bout.
Avec toi,
C'était comme une cigarette,
Je la fumais lentement,
Et maintenant,
Je crois avoir atteint le bout,
Le mégot me brûle les doigts.
Il faut que je l'éteigne,
Que je le jette.

Alors vient ce jour ou,
On cesse de se battre,
Pour atteindre cette gravité du problème,
Car même en amour,
On n'est jamais trop engagé,
Jamais trop amoureux ...
Alors il faut faire signe,
À beaucoup d'estime sur soi-même,
Pour ne pas laisser libre cours,
À des actions négatives.

Surtout, quand arriver au bout du rouleau,
Après avoir été meurtri, désespéré,
On sait qu'on peut s'en sortir,
Qu'on peut surmonter la douleur de la déception,
Si d'ailleurs on ne l'a pas déjà fait inconsciemment.

Partager,
C'est tellement mieux que se soustraire,
Et lorsqu'on ne veut pas partager,
Ou se partager,
Il ne faut pas donner raison à ses adversaires,
Par des actes négatifs,
Qui ont indirectement et inévitablement pour but,
De donner à leur lubie,
Une valeur élevée par rapport à ce qu'il en est en réalité…

- Jacqueline AMBU
(27/04/1977 – 02/05/1998)

LETTRE A JOAN

Hâ'le 25-11-97

16h45

Mon Unique Jo ①

la seule, my only sister ! quel bonheur de t'avoir ! je t'aime beaucoup.

Je suis arrivée, il y a 1h avec le garçon que j'aime (Stéphane) tellement j'avais envie de te revoir (Après un mois) et maintenant les mots me manquent pour te dire mon Amour.

Joan, (Pour visi qui me l'avait) c'est la seule sœur que j'ai jamais eu ; c'est la plus belle, la plus amusante et la plus intelligente. Joan, c'est la plus tendre. Elle sait aimer, elle est adorable.

"Shawn" comme je l'appelle affectueusement est un trésor.

Joan, you are the best, keep on being yourself, never let anyone lower the sun from you. I know God shall respond to my prayers and give you every thing you shall ever need in life

– love
– Peace
– Strenght

I will always be with you whenever you will want, my support, my love, my understanding.

U know you're very important to me

Tenderly

Fally

Remerciements!

J'aimerais remercier toutes les personnes qui de près ou de loin m'ont aidé à franchir ces moments difficiles; notamment :

- *William et Alice AMBU*, mes parents.
- *Divine AMBU.* Mon frère aîné qui a toujours su être là pour moi depuis ma tendre enfance; et qui m'a beaucoup réconfortée durant cette phase de notre vie.

- Rev. Dr. Emmanuel Anyambod et son épouse Susan
- Mr. Paul Atogho Enyih et son épouse Susan
- Mr. Peter Essoka et son épouse Elizabeth
- Mme Dorothy Forbin
- Christian Mouchangou

J'aimerais remercier tout particulièrement ma belle-sœur, Aude Vanmansart, qui malgré son emploi du temps chargé, m'a aidée à corriger ce travail.

Merci à tous mes lecteurs pour vos encouragements!

Du Même Auteur

La Rose Morose
Recueil de Poèmes (2011)

ISBN-13: 978-0-9836996-0-6
ISBN: 0-9836996-0-7

Printed in the United States of America by CreateSpace

Amour Extrémal
Recueil de Poèmes (2011)

ISBN-13: 978-0-9836996-1-3
ISBN: 0-9836996-1-5

Printed in the United States of America by CreateSpace

www.ingramcontent.com/pod-product-compliance
Lightning Source LLC
Chambersburg PA
CBHW041612220426
43669CB00001B/9